Défense

illustration

française

de

la Musique française

PAR

JEAN HURÉ

1915

TROISIÈME ÉDITION

REVUE, CORRIGÉE ET AUGMENTÉE

EDITIONS MAURICE SENART ET Cⁱᵉ

20, RUE DU DRAGON, PARIS

Défense et illustration
de la Musique française

Ce n'est pas sans intention que le titre de cet essai fut emprunté au grand poète qui chanta, en de si jolis vers, la plus « douce » des contrées de France.

En effet, tel était, au temps de J.-du Bellay, l'état de notre littérature, tel est, de nos jours, l'état de notre art musical.

On le méconnaît, on en oublie le passé, on en nie le présent, on l'étudie à peine, on l'ignore avec une sorte de mépris, on lui préfère les musiques étrangères, anciennes et modernes.

Le but de cette brève étude est de laisser entrevoir les grandes lignes de notre histoire musicale et de montrer comment nos compositeurs, depuis l'origine jusqu'à nos jours, ont servi de modèles et d'inspirateurs aux musiciens exoti-

****

La musique gauloise et celtique n'est pas exactement connue. Cependant, l'on sait que les plus anciennes peuplades de la Gaule cultivaient cet art avec passion longtemps avant que régnât en notre pays des chants d'église issus

Bourgault, compositeur breton, fit quelques recherches à ce sujet et, bien qu'il n'ait pu trouver de document nets et probants sur cette question, il [illegible] loin d'avoir été formées par les chants de [illegible], les musiques celtiques dont l'on retrouve [illegible] — et aussi en Irlande — ont formé [illegible] grégorien ou, pour mieux dire, l'an-[illegible] que nous nommons Ambrosien et grégorien.

allemande, un moment française, romaine au temps du célèbre évêque, mort vers la fin du quatrième siècle, saint Ambroise fut, croit-on, le véritable fondateur de l'école musicale qui devait, plus tard, s'illustrer sous le nom d'école grégorienne, par suite de la protection du Pape saint Grégoire — saint Grégoire le Grand (mort en 304) disent certains historiens, plus vraisemblablement Grégoire II et même Grégoire III (mort vers 750).

Ce qui laisserait croire à l'antériorité du chant celtique c'est que les chants grégoriens, conservés en France par les RR. PP. Bénédictins de Solesmes, s'apparentent autant aux chants des églises orientales qu'aux chants celtiques de Bretagne et d'Irlande; que, par contre, ces chants celtiques sont absolument vierges de toute influence orientale ; enfin que les chants de différentes contrées d'Orient diffèrent peu entre eux mais, cependant, n'ont pas de rapport — si ce n'est quelques rapports de modalités communs à toutes les musiques anciennes — avec le chant celtique.

Quoi qu'il en soit, il faut remarquer qu'au temps de saint Ambroise, ou des papes Grégoire, l'art musical, répandu, cultivé et enseigné en Orient, en Italie, en France et dans les Flandres, perdit peu à peu tout caractère nettement national.

Seul, le chant populaire, celui que les simples conservaient en leur mémoire, de génération en génération, chantaient sans connaissances techniques, et qui servait de base à la plupart des hymnes, proses et motets, laissait entrevoir le génie national de tel ou tel pays.

Il faudrait entreprendre de longues digressions techniques et publier des documents innombrables, souvent fertiles en surprises déconcertantes, sujets à des interprétations contradictoires, pour montrer comment le chant grégorien, peu à peu transformé, abandonna sa grâce légère, sa grâce latine, voire orientale, et devint le plain-chant.

Les théoriciens, avec leurs lois empiriques, les premiers essais de polyphonie, l'organum, le déchant (I), la diaphonie,

(I) Le *Déchant*, *art merveilleusement organisé* — contrairement à ce que l'on a cru — est d'origine française.

Il fut un véritable art contrapuntique, très élégant et très raffiné, basé sur le mouvement contraire.

Note de la 3ᵉ édition. (Ces notes sont indiquées par des renvois en chiffres romains.)

— 3 —

le faux-bourdon, avant tout le *tempus mensurabile*, furent
les causes de ce premier appauvrissement d'un art mélodique, dont la beauté ne devait jamais être égalée.

Pour harmoniser, de manière satisfaisante, ces cantilènes
ailées, dont les sous-entendus harmoniques étaient si pleins
de splendeurs inaccessibles (1), il eût fallu une science et
une hardiesse que les théoriciens d'alors ne pouvaient ni
soupçonner ni concevoir.

Ils préférèrent annihiler presque totalement, le charme
plastique de ces monodies merveilleuses et créer l'art harmo-
nique qui devait, un jour, devenir le contrepoint (2), enseigné
de nos jours encore — mais très appauvri — dans nos écoles.

Il serait d'ailleurs imprudent et injuste de médire de ces
théoriciens — placés en des circonstances incroyablement
délicates et difficultueuses — qui, en un latin auprès de
quoi le langage de la Vulgate semble cicéronien, édifièrent
des ouvrages d'un haut intérêt, révélateurs d'une grande
culture générale et d'une incontestable ingéniosité (3).

On verra, par la suite, comment il ne faut pas trop regret-
ter les errements forcés, nécessaires, qui amenèrent les théoriciens à l'invention de la musique proportionnelle, tueuse
de rythmes libres, créatrice d'insipides mélodies...

L'un des plus anciens et peut-être le plus célèbre des écri-
vains musicaux du moyen âge fut Pierre de la Croix (Petrus
de Cruce), né à Amiens, au xiiie siècle.

Français aussi fut Maître Pérotin, dit Perotinus Magnus,
compositeur et théoricien de la même époque.

Français encore Jean de Garlande qui écrivit vers 1220 un
traité remarquable ou le *tempus mensurabile* et expliqué
avec soin (4).

En ces mêmes temps médiévaux l'art musical s'étendait

(1) L'appauvrissement rythmique du chant grégorien n'est rien au prix
de son appauvrissement modal. Pour les raisons harmoniques ici énoncées,
mais qu'il serait très long de développer, aux *huit* modes ecclésiastiques
succédèrent les *deux* gammes, majeure et mineure.

(2) De récentes recherches nous ont fait connaître que les plus anciens
traités de contrepoint ont été écrits en Angleterre.

(3) On trouvera plusieurs de ces ouvrages dans les livres de Coussemaker
(*Scriptores de musica medii aevi — Mémoires sur Hucbald*, etc.).

(4) En ce bref résumé il est impossible même de citer un grand nombre
de déchanteurs et de contrapuntistes célèbres, comme J. de Lescurel,
P. de Vitry, Jean de Muris, G. de Machau, etc.

de plus en plus vers les Pays-Bas et bientôt l'école néerlandaise se fusionne, se confond avec l'école française. (I).

C'est alors que l'art polyphonique franco-néerlandais connaît une période d'efflorescence inoubliable. Le Hainaut, vers 1400, donne naissance à G. du Fay, à Binchois, à une pléiade de savants, de trop subtils contrapuntistes.

L'école italienne est alors presque inexistante, au moins inexpérimentée, timide, maladroite ; l'école allemande assez neutre, embarrassée lourdement dans des essais encore infructueux.

Toutes les deux devaient se former plus tard à l'école française...

Josquin des Prés, né à Condé, vers la fin du xvᵉ siècle, le plus célèbre des contrapuntistes de son temps, composa des œuvres d'une beauté absolue et que nul ne surpassa jamais. Il n'y a rien d'exagéré à le considérer comme le plus grand des musiciens religieux.

Peu d'années après, le Français Goudimel (II) (1505), né à Besançon, fondait l'école italienne — dite palestrinienne — car Palestrina en fut le représentant le plus illustre.

Il eut pour élèves la plupart des musiciens illustres de son temps, entre autres Palestrina, Nanini et le Français Clément Jannequin, novateur de génie qui apporta dans l'art musical français une grâce et une vivacité incomparables (*Bataille de Marignan*, curieuse page descriptive, *Guerre*, *Chansons*) (III).

Il est donc assez étrange et, aussi, décourageant de constater que, même en France, surtout en France (1), la célébrité de ces deux grands maîtres fut effacée par la gloire de

(I) Certains historiens ont des raisons de croire que Guy d'Arezzo est né à Paris. En effet nous le trouvons, dans sa jeunesse, à l'Abbaye des Bénédictins de Saint-Maur-des-Fossés.

Cette question, qui serait d'un intérêt formidable pour notre orgueil national, est actuellement l'objet de controverses encore insolubles.

(II) On a soutenu que rien ne prouve la présence en Italie, de ce Goudimel. Ce qui est néanmoins *évident* c'est l'influence qu'il eut sur Palestrina — qui subit aussi celle de Josquin.

(III). M. Henry Expert a consacré vingt années de son existence à la publication de vingt trois volumes des maîtres de la Renaissance Française. Je en saurais trop recommander la lecture de cet ouvrage admirable à tous les points de vue.

Lire aussi, dans l'Encyclopédie de Lavignac, l'article si clair et si documenté de M. Henry Expert sur la musique Française à l'époque de la Renaissance.

(I) Ils sont en effet fort connus et *souvent* exécutés chez nos pires ennemis étrangers.

Palestrina, Allegri, Vittoria, imitateurs et disciples d'un Français, élevés selon les traditions de l'école française et du chant populaire français (1).

***

Ces chants populaires français, dont beaucoup nous ont été conservés dans les campagnes, à peine modifiés, semble-t-il, et toujours très beaux, n'étaient nullement méprisés par ces contrapuntistes qui en faisaient les thèmes, les « motifs conducteurs » de leurs œuvres.

Mais combien ils devaient avoir plus de saveur chantés par nos trouvères et nos troubadours.

Pierre Aubry, mort si prématurément, M. Jules Ecorcheville (I) et quelques autres historiens très savants, nous ont fourni de précieux renseignements sur ces chevaliers rhapsodes.

Dès le xiᵉ siècle, ils parcouraient la France, antérieurs, donc, aux *minnesangers*, chanteurs allemands apparus seulement cent ans plus tard.

L'art vocal des trouvères et des troubadours dut être charmant, si l'on en croit les vestiges qui nous en restent. Il donna naissance à l'art instrumental qui, peu à peu, se développa, chez nous, de manière merveilleuse.

En effet, ces chevaliers errants s'accompagnaient, ou se faisaient accompagner, d'un luth ou d'un théorbe (2).

A M. Ecorcheville, aux recherches, aussi, de M. H. Quittard, nous devons de connaître l'art des luthistes qui, d'abord accompagnateurs, devinrent bientôt des virtuoses de grande habileté.

Les tablatures de luth, transcrites en notation contemporaine par M. Ecorcheville, nous ont fait connaître des œuvres d'une hardiesse et d'une ingéniosité étonnantes.

Rien n'y rappelle le contrepoint solennel et mesuré des cantores d'alors; tout y est fantaisie et imprévu. Les traits·

---

(1) Goudimel fut un grand novateur et un grand réformateur. Son art fut un art de simplification de clarté et de bon goût, qualités que l'on oubliait de son temps par suite de l'abus des artifices contrapuntiques.

(2) Il ne faut pas, d'ailleurs, oublier que ces trouvères et troubadours eurent pour ancêtres les rhapsodes bretons qui s'accompagnaient de la *harpe* (Cf. les ouvrages de M. de La Villemarqué). Il y aurait aussi beaucoup à dire sur la facture instrumentale en France.

(I) Mort au champ d'honneur.

rapides, arpèges, mélismes et ornements de toutes sortes s'y entrecroisent et s'y précipitent : c'est le style instrumental, le style de haute virtuosité, — c'est l'esquisse du style symphonique aussi — qui allait s'épanouir dans les œuvres des virginalistes anglais, des clavecinistes français, italiens, scandinaves, enfin allemands; qui, plus tard, devait aboutir aux trouvailles instrumentales du grand virtuose francoslave, Frédéric Chopin.

L'art instrumental, plus incontestablement encore que l'art vocal et choral, est né en France (1).

Le secret de cet art nous fut ravi, un instant, par les Anglais, exécutants et compositeurs accomplis, comme en témoigne un recueil trop ignoré, le « Virginal book » écrit pour l' « échiquier d'Angleterre », le « Virginal », déjà connu au xvie siècle, par conséquent ancêtre du « clavecin ». Nous trouvons en ce livre des pages admirables (Byrd, John Bull, etc.).

L'art du clavecin fut cultivé en France avec soin et perfection.

Cet instrument offrait au virtuose et au compositeur des ressources comparables à celles de l'orgue : redoublement des sons aux octaves graves et aiguës, registres, plus ou moins nombreux, pour la modification du timbre, etc.

Les œuvres des clavecinistes sont toujours trahies par nos pianos : il vaut mieux les jouer à l'orgue comme le faisaient volontiers les clavecinistes des xviie et xviiie siècles, qui, tous, étaient des organistes expérimentés.

Cet art de l'orgue et du clavecin, né de l'art français des luthistes, fut représenté, en France au xviie siècle et au xviiie, par des maîtres à peine connus (2). Beaucoup ne sont même pas édités et, peut-être certains sont ignorés de tous.

(1) Le luth était connu en Egypte et en Espagne bien avant d'avoir pénétré en France, mais on l'y utilisait de manière rudimentaire et monodique.

(2) Leurs œuvres sont parfois d'une difficulté d'exécution décourageante. Il semble d'abord impossible de donner physionomie vraiment musicale à ces dentelles sonores encombrées d'ornements et à ces larges fresques instrumentales où l'on se demande d'abord ce que viennent faire des trilles, des pincés, des doublés, des coulés, etc. Quelques phrases des ouvrages d'enseignement de l'époque nous prouvent que ces ornements ont la plus grande importance, qu'ils font partie intégrante de la ligne mélodique, qu'ils peuvent exprimer les sentiments les plus divers, et que leurs rythmes sont variables à l'infini.

C'est d'abord J. Titelouze — sur qui M.-A. Pirro, excellent organiste, historien d'une érudition inépuisable — nous donne des renseignements complets.

Ce chanoine de Rouen (1563-1633), contemporain de Frescobaldi (1583-1644) ne semble pas inférieur au célèbre organiste italien. Ses œuvres d'orgue sont d'une ordonnance, d'une ingéniosité, d'une profondeur admirables. Titelouze a le secret — peut-être à un plus haut degré encore que Frescobaldi dont les thèmes sont parfois plus purement plastiques — des « entrées » qui saisissent et émeuvent par leur à-propos et leur imprévu. Son style, tout polyphonique, n'est jamais monotone, ni fastidieux, ni inutilement complexe. Son livre d'orgue peut être égalé aux plus belles pages de J.-S. Bach, qui ne posséda jamais une telle sérénité, une telle profondeur, un si doux mysticisme.

Titelouze était fort instruit : il eut assurément des élèves nombreux qui répandirent son enseignement et, chose curieuse, n'imitèrent pas ses œuvres.

Tel André Raison, organiste de Sainte-Geneviève, à Paris, dont le style, beaucoup moins polyphonique, se rattache étroitement à celui des luthistes dont Titelouze paraît avoir tout ignoré.

Vers la même époque, dès le début du xvii° siècle, Francisque publiait d'aimables pièces pour luth ou clavicorde et, peu après, Ch. de Chambonnières, le chef de l'école française du clavecin, s'affirmait admirable organiste.

Il fut le maître d'Anglebert, organiste claveciniste français très érudit.

Peu de temps après s'illustraient les Couperin.

Les deux membres les plus remarquables de cette famille de musiciens furent Couperin sieur de Crouilly (1632-1701) et François Couperin, dit Couperin le Grand (1668-1733).

Le sieur de Crouilly écrivit un livre d'orgue contenant fort peu de pages médiocres et de nombreuses pages que l'on ne saurait trop admirer. Les versets du *Kyrie* et du *Gloria* de la première messe resplendissent de noblesse, de grâce, d'esprit, de gaîté, de force. Certain « Récit de Cromorne » est d'une beauté tragique, d'une beauté hellénique qu'aurait enviée Gluck.

Que dire de Couperin le Grand? Il n'y eut jamais de compositeur plus parfait. Il a autant d'esprit que Scarlatti, avec

plus de sobriété, de variété et de bon goût ; il écrit avec la
même correction que Frescobaldi qui a moins d'abandon et
de hardiesse. On trouve tout dans ses œuvres : tous les sentiments, tous les tableaux, car c'est un psychologue et un
descriptif. Il faut lire et relire ses quatre livres de clavecin — qui n'ont pas de nos jours trouvé d'éditeur en
France! — ils sont incomparables et lorsque J.-S. Bach
lui-même s'essaya à imiter le style du grand maître français, il échoua piteusement, malgré sa patience, sa science
et son génie, comme il avait échoué dans l'imitation du na-
politain A. Scarlatti (1).

Si Nicolas de Grigny est inférieur à ce grand maître par
l'importance de sa production, il lui est égal par la pureté
de son inspiration et par sa science.

Il fut organiste à Reims vers la fin du xviiᵉ siècle. Ses
pièces d'orgue, d'invention généreuse, empreintes de profondeur et de noblesse, avec, parfois cette gaieté, cet humo-
risme, cette « gaillardise » qui, alors, semblaient de bon
ton même à l'église, avec de la tendresse, du charme, du
sublime, nous montrent en lui l'un des plus magnifiques
compositeurs français.

J.-S. Bach copia de sa main le livre d'orgue de Grigny et
ce manuscrit a été conservé en Allemagne.

Clérambault (fin du xviiᵉ siècle) fut aussi un claveciniste
et organiste de grand talent, un aimable compositeur, plein
de gaîté et de grâce.

Des auteurs de génie plus modeste méritent cependant
notre admiration.

Tel Roberday qui écrivit des caprices et fugues pour orgue, tantôt dans ce style sévère emprunté au style vocal, à
l'exemple de Frescobaldi et Titelouze; tantôt en un style
plus imagé, plus fleuri, plus clavecinesque. Il se plaisait à
contourner à l'excès les lignes mélodiques et à rechercher
des harmonies complexes et trop subtiles.

Il manqua souvent de goût, jamais d'imagination.

(1) La musique de danse abonde dans Couperin. Il n'est pas sans intérêt de remarquer que la plupart des danses anciennes sont d'origine française : telles la gavotte, les branles, la courante, le rigaudon, la gigue
la musette, la bourrée, le tambourin, la lourre, le passe-pied. La valse que
chez nous l'on tient généralement pour allemande est née en France. On la
dansait déjà à la cour de Charles VII.

Gigault, organiste de Saint-Martin (1), à Paris (1624) fut un musicien instruit et habile dont les œuvres ne manquent pas de saveur, de même que celles — peut-être moins savantes — de Marchand (1669-1732) et de F. du Mage, organiste à Saint-Quentin.

Cl. d'Aquin (1694-1772), organiste et claveciniste d'une habileté étonnante a laissé des Noëls délicieux, de facture un peu lâche et parfois monotone, fort propres à mettre en valeur le talent du virtuose et à amuser délicatement le dillettante.

**

Plusieurs de ces maîtres, plus encore que Frescobaldi et que le Danois Buxtehude, furent, nous l'avons déjà remarqué, les modèles de J.-S. Bach et de ses fils (2).

Aucun d'eux n'écrivit pour le théâtre.

Cela suffit à ruiner la légende qui veut que les Français n'aient pas le génie de la musique pure.

Bien au contraire, comme les Italiens, plus encore, peut-être, que les Italiens, les Français « chantent pour chanter » et n'ont pas besoin de paroles, ni d'idée littéraire, pour inventer mélodies et harmonies émouvantes.

Il est, d'ailleurs, une autre légende antifrançaise et, naturellement, née en France.

On a voulu prétendre que l'opéra est « tout italien », comme la satire était « toute latine ».

Or l'opéra n'est italien que de nom.

Le théâtre lyrique florissait, en France, dès les premiers âges, sous la forme des « Mystères », tout comme, dans la Grèce antique, sous forme de dithyrambes et de tragédies.

Chacun se rappelle Adam de la Halle, le charmant créateur de l'opéra comique : il naquit à Arras en 1240.....

Le rusé Lully, quelque quatre cents ans plus tard, vint à Paris supplanter nos compositeurs. Ce marmiton florentin

(1) Eglise où le signataire de ces lignes fut organiste il y a tantôt dix ans.

(2) Il est bon, d'ailleurs, de rappeler que la musique française, à cette époque, n'était nullement contestée en Allemagne : elle régnait sur le monde entier et, depuis longtemps, tous les compositeurs, allemands ou autres, tenaient à honneur d'être les disciples des Français: Le style français était alors le style à la mode (Cf. Wanda Landowska : la « Musique ancienne »).

monta des cuisines au théâtre où sa gloire, méritée d'ailleurs, éclipsa celle de musiciens aussi doués et plus instruits que lui : Cambert, compositeur de grand talent, que l'on peut considérer comme le créateur de l'opéra français ; Desmarets, qui faisait des opéras et des chansons ; Colasse, un Rémois, élève de Lully, auteur de gentils opéras et de chants religieux assez faibles ; Campra, provençal d'Aix, infiniment supérieur à Lully et excellent compositeur religieux ; le Poitevin Lambert, fort aimé pour ses « brunettes » : le pauvre Lalande, ami de Louis XIV, frappé, comme lui, dans sa vieillesse, par des deuils répétés et à qui le grand roi disait : « Lalande, il faut se soumettre ».

. . . .

On a écrit des livres nombreux sur Rameau ; aussi serait-il fastidieux d'insister ici sur le génie de ce grand homme.

Théoricien du clavecin, très savant et très novateur théoricien de l'harmonie, virtuose accompli, compositeur de musique de chambre, d'opéras, de chansons, de danses, de motets, Rameau est l'une des plus grandes gloires françaises.

Il fut un « illustre complet ».

· Comme Lully avait, par de fines intrigues, relégué au second plan ses contemporains de France, l'épais et ivrogne chevalier Gluck, avec une brutalité de conquérant, bouscula les compositeurs français de son temps.

Il avait d'ailleurs bien du génie, un génie un peu rude et maladroit, débiteur à la France et à l'Italie de toutes ses qualités, mais un génie puissant, capable de s'insurger contre les mièvreries qui devenaient à la mode et contre le « virtuosisme » exagéré des Italiens.

Il n'y a rien d'allemand dans la musique de l'Allemand Gluck, si ce n'est une certaine lourdeur, un sentimentalisme parfois grandiloquent qu'on chercherait en vain chez le sobre et élégant Rameau, que Gluck imita — et fit oublier.

Ainsi, par deux fois déjà, en moins de deux siècles, la France avait renié le génie français en faveur du génie étranger. C'était alors exception qui, plus tard, devait devenir règle générale.

Les compositeurs français concevaient-ils donc, du temps de Gluck, de la musique si méprisable ?

Assurément non et il n'en faut pour preuve, en dehors des

auteurs précités, que les ballets adorables de Montéclair, les sonates des Leclair (1), les œuvrettes théâtrales, exquises, de Duni (1709-1775), de Philidor, de Monsigny (même époque) et bien d'autres pages théâtrales et de jolies chansons.

Au reste, Gluck ne dédaignait pas les auteurs français — alors prisés par le public et méprisés seulement des gens de lettres, des professionnels, déjà redoutables, de la critique, dont l'antinationalisme commençait à s'affirmer.

Gluck était grossier et hirsute, mais loyal et bon ; il encouragea et conseilla le jeune Méhul, qui, plus tard, devait acquérir une juste célébrité, comme auteur du « Jeune Henri » et de « Joseph » opéras remarquables par leur excellente tenue, leur simplicité, leur sobriété dans le langage musical et le lyrisme.

Le normand Boieldieu fut aussi un auteur charmant, un peu compassé et monotone, mais élégant et de bon ton.

*
* *

Mais le mouvement romantique, venu d'Allemagne, s'accentue.

Vers 1830, Mendelssohn vient à Paris, où, déjà, le terrain est préparé pour l'invasion germanique ; où l'on discute Beethoven, mort depuis trois ans, Weber, mort en 1826 et dont l'élite goûte fort les opéras, fatiguée des opéras italiens qui, depuis près d'un demi-siècle, font prime en France, au préjudice des compositeurs français ; à Paris, où l'on commence à chanter Schubert ; où l'on parle déjà de Schumann ; où Rossini moissonne, avec ses compatriotes, des succès d'un médiocre aloi.

(1) On a trop tendance à refuser aux Français d'alors le génie symphonique.

Les *divertissements, sonates, cassations, ordres, diminutions, concertos, suites* des musiciens français du XVIIᵉ et XVIIIᵉ siècles furent les véritables origines de l'art symphonique de Haydn et de Mozart. Ces derniers eussent avoué de bonne grâce qu'ils devaient beaucoup à Lalande et surtout à Gossec.

On a mis en doute l'influence de Gossec sur Haydn et prétendu que le musicien français devait beaucoup à l'Ecole de Mannheim.

Cela est vrai seulement en ce qui concerne la structure et l'instrumentation.

Mais *l'idée* musicale, les rythmes, les contours mélodiques, les recherches harmoniques chers à Gossec et à Haydn, furent inspirés à l'Ecole de Mannheim par l'art symphonique pratiqué antérieurement en France.

Rameau a tiré de ses opéras, des pages symphoniques de tout premier ordre et certaines œuvres de Lalande ne pâliraient pas devant les plus charmantes symphonies de Haydn.

Mendelssohn, très jeune encore, Mendelssohn qui, tout enfant, a été en relations avec les plus grands hommes de tous pays, qui a déjà connu Paris où on l'a porté de triomphe en triomphe, Mendelssohn est accueilli chez nous comme on n'y accueille que les étrangers.

Il conquiert Paris, il conquiert la France, à son grand talent de virtuose et de chef d'orchestre, à son charme de causeur, à ses œuvres aimables et soignées, à toute l'Allemagne, dont il porte le culte dans son cœur ; à Mozart, à Haydn — ces Italiens de Salzbourg et de Vienne, nullement germains et très admirables — à J.-S. Bach — génial commentateur des Français et de deux Italiens qui résument ses œuvres — à Beethoven, à Weber...

Berlioz était alors en Italie : « une vraie caricature, sans l'ombre du talent » écrit Mendelssohn qui l'y avait rencontré.

Berlioz comme Mendelssohn, qu'il admirait et qui ne l'admirait pas, s'enthousiasma pour Beethoven, pour Weber et renova le culte de Gluck. — Sa pauvre éducation musicale et la grossièreté de ses dons musicaux lui interdisaient de comprendre Bach, Haydn et Mozart.

Il vilipenda tous compositeurs français et italiens avec un acharnement attristant et comique.

Au reste, il avait le génie du blasphème.

Au seuil de la mort, alors que son fils combattait au loin pour la France, Berlioz renie Dieu, la Patrie, le Bien, le Beau, tout. Ses dernières paroles font frissonner de pitié (1).

Berlioz aida beaucoup à la gloire de Beethoven en France ; il croyait du reste défendre ainsi ses propres œuvres où les fades mélodies italiennes, mal équarries et mal harmonisées, voisinent avec de maladroites imitations des rythmes et accents beethoveniens. Le tout est entassé sans ordre, avec parfois des éclairs de génie, peu de personnalité, beaucoup de mauvais goût, de maladresses, d'ignorance, d'enflure, de vulgarité dans l'instinct musical, et une très réelle habileté d'instrumentation.

Berlioz fut néfaste à l'art français par ses œuvres et leur

---

(1) Ce fou conscient avait de l'esprit. Voici une anecdote inédite qui me fut contée par un aimable Vendéen dont le grand-père était ami de Berlioz. Ce dernier entrait à la cathédrale de Paris et comme son ami s'étonnait, le bizarre athée répliqua : « Oui, je vais à « leur » Dame ».

influence — qui dure encore — et par le culte exagéré qu'il organisa chez nous en l'honneur de Beethoven.

De son temps, et longtemps après lui, l'opéra italien, frivole et clinquant, mais musical et moins contraire à nos tendances naturelles que la musique allemande, remporta en France les succès les plus populaires.

Seuls les raffinés, les purs — on ne disait pas encore les snobs — se délectaient aux œuvres venues d'outre-Rhin.

Mais bientôt apparut un Allemand, le plus « grossièrement adroit » de tous, connaissant fort bien son métier et l'art de fabriquer et de vendre au « gros public » ce qui le frappe et qui lui plaît.

Giacomo Meyerbeer éclipsa toutes les gloires françaises, italiennes, allemandes. Bien plus, il fut le musicien français de son temps : la France l'adopta.

Cet homme habile, qui vécut de 1791 à 1864, déforma le goût national de notre public, de nos compositeurs, de nos critiques, de nos esthéticiens, durant plus d'un demi-siècle.

Les rares pages grandiloquentes ou boursouflées que l'on trouve chez nos grands maîtres Bizet, F. David, Gounod, Delibes, Massenet, sont dues à cette influence.

. . . .

Mais un autre Allemand devait bientôt régner en France de manière aussi néfaste.

Celui-ci avait du génie, de la culture, de la hardiesse. À la camelote italo-germanique de Meyerbeer il substitua de fortes constructions teutonnes, insolentes, formidables, hostiles à notre génie celtique et latin ; mais ces ouvrages étaient de bonne qualité et dignes d'admiration.

Nos compositeurs, Bizet, Lalo, Saint-Saëns, Joncières, Massenet en tête, se passionnèrent pour R. Wagner.

Le Wagnérisme en France fut créé par eux et l'antiwagnérisme représenté par de tels cuistres, « meyerbeeriens » ou « rossiniens », que l'influence de Wagner n'y pouvait que gagner.

Il n'y a pas longtemps, le wagnérisme reçut enfin quelques atteintes mortelles.

Nos maîtres, par l'étude des œuvres wagnériennes, par leur fréquente — oh, si fréquente ! — audition, aperçurent les tares et fautes de goût dont elles abondent.

M. Saint-Saëns, wagnérien de la première heure, osa le premier s'insurger ; un grand compositeur — de tendances bien différentes et plus jeune de bien des années — M. Debussy, traita sans façons l'auteur de *Tristan*, parla de ses « idées de carton », de son orchestration de « mastic incolore ».

Ces maîtres furent d'abord peu soutenus par nos compositeurs, que le mot : « Allemagne », frappait d'une terreur respectueuse, et ils furent carrément conspués par des hommes de lettres, fervents collectionneurs de letmotive et de symboles.

Puis, peu à peu, la jeune école, sans tomber dans des partialités ridicules, osa regarder en face le « Titan de Bayreuth ». E. Vuillermoz, L. Laloy, J. Marnold, l'attaquèrent résolument ; M. V. d'Indy osa des restrictions et, depuis quelques années, les choses sont remises au point... au moins en ce qui concerne Wagner — et Beethoven qui fut aussi atteint dans la bagarre.

Néanmoins, il convient d'établir quelques réserves sur la qualité de « wagnérien » comme sur celle d' « antiwagnérien ».

Il faut avoir été wagnérien avec M. Saint-Saëns, avec M. Debussy ; car Wagner fut un novateur génial.

Il faut, encore avec eux, être antiwagnérien ; car le premier éblouissement passé, Wagner apparaît comme un compositeur nullement exempt de défauts et plein de qualités qui nous sont antipathiques.

Mais il faut se garder d'admirer Wagner avec les esthètes d'il y a quelque vingt ans ; il faut se garder, plus encore, de l' « antiwagnérisme » de ces vieilles gens qui ont reproché au maître allemand ce qui, précisément, était, chez lui, admirable : cette force, cette richesse de timbres et d'harmonies, ce je ne sais quoi de poignant.

Ces vieilles gens l'ont aussi accusé de manquer de mélodie ! toujours le même reproche que les mêmes vieilles gens — c'étaient les mêmes, n'en doutez pas — firent, dans les siècles passés, et de nos jours, à Bach, à Mozart, à Beethoven, à Rameau, à Gluck, à Rossini, à Bizet, à Verdi, à Gounod, à Massenet, à M. Saint-Saëns, à M. Fauré, à M. Debussy.

Hélas, les œuvres de Wagner contiennent, à foison, des mélodies inférieures aux plus viles cantilènes de Meyerbeer

(Ballade du *Vaisseau Fantôme*, air d'Élisabeth, romance de *Tannhauser*, chant de Walther, lied du Printemps, etc.) (1).

On a beaucoup parlé de l'originalité de Wagner : elle est réelle, mais ses plagiats sont cependant incontestables : il a copié Bach, Beethoven, Rossini, Weber, Schubert, Mendelssohn, Meyerbeer, et surtout Liszt.

Mais on n'a pas assez insisté sur l'influence qu'eurent sur lui les trouvailles harmoniques de Chopin.

Ce maître, aujourd'hui si admiré, naguère si méconnu, ce maître au moins aussi Français que Slave, est peut-être bien le plus grand musicien du XIXᵉ siècle.

Il n'est pas de plus séduisant mélodiste et son génie d'harmoniste, qui nous charmera à jamais, nous étonne même aujourd'hui. Toute notre jeune école descend de lui et il faut se souvenir qu'il mourut en 1849.

***

« Rossinisme », « meyerbeerisme », « wagnérisme », appauvrirent assurément le talent national de nos compositeurs du XIXᵉ siècle. Néanmoins il faut reconnaître que beaucoup d'entre eux, — certains à peine déformés par ces influences néfastes, d'autres entièrement originaux — firent preuve d'habileté ou d'inspiration.

Entre autres : Bizet, si émouvant, si humain ; le distingué

(1) Wagner, tout en feignant de mépriser « la mélodie pour la mélodie » ne résista jamais au plaisir de déparer ses œuvres par quelque lourde romance. Il écrivait d'ailleurs très mal pour la voix, inférieur en cela aux Italiens qui possédèrent, à peu près tous, une écriture vocale merveilleuse (A J.-S. Bach, à Beethoven, à la plupart des grands musiciens allemands, on peut faire le même reproche qu'au maître de Bayreuth).

Les récits de Wagner mêmes sont assez médiocres. Ils affectent la forme de *contrepoints* incidents, pouvant à la rigueur être confiés à une seconde clarinette ou à un second basson, mais qui, chantés par une voix, se détachent mal de l'ensemble orchestral.

Ils manquent d'aisance, de naturel, de vérité : ils sont boursouflés et déclamatoires, de plus musicalement laids.

Quelle différence avec les récitatifs italiens, si justes, si alertes, si vivants et avec la déclamation debussyste si souple, si émouvante.

Wagner a tué l'art vocal, sans rien apporter de précieux — au contraire — à l'art de la déclamation lyrique.

Toute notre jeune école souffre encore de son influence déplorable. A cause de lui, nous avons oublié que la voix est le plus plastiquement beau et le plus expressif des instruments.

Beaucoup d'entre nous « traitent » avec art tous les timbres de l'orchestre, mais, pour la plupart, nous ne savons pas écrire une cantilène vocale — ni même un récitatif — ni, surtout, l'accompagner avec discrétion.

et élégant et raffiné Léo Delibes, trop oublié; l'admirable
Gounod, contre qui rien ne put rien; Ch. Lecoq, auteur
d'œuvres exquises de charme et de fraîcheur, écrites avec
soin, bon goût, pleines d'originalité; Massenet, si personnel,
si imité; Saint-Saëns, le plus grand symphoniste français;
Lalo, si original et charmeur; A. Bruneau, si national dans
ses inspirations mélodiques, si émotif, si vivant; G. Fauré,
personnel autant que le fut Massenet — et très différent de
lui — aimable et délicat, inventeur d'harmonies subtiles,
de modulations séductrices frôlant des cantilènes ondu-
leuses; Duparc dont les mélodies seront inoubliables... et
beaucoup d'autres maîtres que l'étendue restreinte de
cette esquisse m'empêche de citer.

**

Un grand compositeur belge — le moins latin, le moins
celtique de tous les musiciens — naturalisé français et
maître de plusieurs compositeurs français, César Franck,
devint, au XIXe siècle, sans y avoir, certes, songé, le chef
d'une école antifrançaise.

César Franck doit être considéré comme l'un des plus
admirables compositeurs de tous les temps. Nos amis belges
peuvent être fiers de lui : il n'est pas nôtre; il est bien de
chez eux.

La belle âme de César Franck se reflète dans ses œuvres
où il y a tant de douceur, de tendresse, de noblesse, de pureté, de piété, et, avant tout tant de musicalité, de personnalité...

On a dit que la musique de César Franck manque de passion : c'est inexact. On y trouve, à la vérité, peu d'agitation ;
mais elle est tout imprégnée de la plus noble, de la plus
belle, de la plus esthétique des passions : la quiétude.

. . . .

Le franckisme, cependant — car de telles splendeurs ne
s'imitent pas et, surtout, nul n'a le droit de renier sa race
— le frankisme, si absolument étranger, nous fut, comme
le wagnérisme, un fléau.

**

En fut-il de même de l'influence de M. Debussy? Ce
grand compositeur possède le secret des émotions à peine

extériorisées et d'autant plus poignantes. Il est le bon goût incarné.

Sa personnalité se reconnaît à quelques mesures — comme celle de Massenet, du grand Chabrier (sur qui il y aurait à dire tant de choses émues et admiratives), de M. G. Fauré.

Il semble de ceux que l'on ne peut imiter et les jeunes compositeurs français (1) qui s'y sont essayés ont échoué de manière lamentable : néanmoins l'imitation de M. Debussy ne donna pas à la musique de ceux qui s'y appliquèrent ce caractère grotesque et grimaçant que l'on acquiert si facilement à l'imitation des musiciens étrangers ; M. Debussy est inimitable, mais il est de notre race.

*
* *

Une autre calamité antifrançaise est le « slavisme ».

Les compositeurs russes du xixe siècle furent infiniment séducteurs.

Le compositeur français qui leur veut ressembler doit être comparé à la Parisienne qui s'habillerait en Moscovite : nous la pourrions trouver charmante ainsi... mais nous regretterions la sobriété habituelle de son costume.

*
* *

. . . .

Il apparaît donc que, depuis plus d'un siècle, les Français s'exercent systématiquement à rendre notre musique antifrançaise, à rendre, surtout, antifrançais notre public.

Cambert et Rameau cèdent le pas à Lully et à Gluck ; Méhul, Boieldieu, Bizet, à Meyerbeer et à Rossini ; Gounod, Lalo, Delibes, Chabrier, à R. Wagner ; M. Saint-Saëns à Brahms et à César Franck ; M. G. Fauré, à Schumann et à Schubert ; M. Debussy à M. Stravinsky (2)...

---

(1) Beaucoup de musiciens hongrois, russes, anglais, américains plagient M. Debussy, sans la moindre vergogne, et le résultat est fort comique.

(2) Je serai désolé que l'on vît dans ces mots la moindre malveillance à l'égard de M. Igor Stravinsky, compositeur dont j'admire passionnément le talent éclatant et original... mais si loin de notre chère douceur française, de notre sobriété, de ce que les gens de goût, au xviie siècle, appelaient la « mesure », des qualités, enfin, que nous aimons chez Gounod, chez Saint-Saëns, chez M. Fauré, chez M. Debussy.

Nous aimons maladivement ce qui nous est étranger, ce qui nous est contraire, ce qui nous est hostile.

Nous croirions être déshonorés par l'aveu de nos sensations réelles, par l'aveu du plaisir ressenti à l'audition d'œuvres qui nous semblent naturelles, aisées, conformes à notre tempérament, à nos avidités musicales.

Nous voulons être violentés.

Nous résistons au charme de Gounod ou de Debussy et nous subissons stoïquement les puériles brutalités de quelques modernes teutons, slaves ou tchèques.

**

L'Esthétique française est si variée, si « innombrable », que l'on ne saurait guère la définir d'un mot. Cependant le caractère logique des Français nous aide à percevoir clairement quel sens ils ont de la Beauté, lorsqu'ils ne se laissent influencer par aucun snobisme, ni par des préjugés de critiques ou de théoriciens.

Tout naturellement, le Français cherche dans l'Esthétique ce que la vie nous donne avec trop de parcimonie.

Ce n'est pas sans se faire violence qu'il se résigna à l'Art réaliste, qu'à grand renfort de théories répandues partout, dans la presse, et dans les livres, et dans les revues, et dans les écoles, on prétendit lui imposer naguère.

La « Chanson de Roland », les beaux poèmes bretons, (imités par Wagner) les beaux contes, les belles fables, tout ce qui est l'embellissement de la vie, tout ce qui nous fait oublier notre destin médiocre, tout ce qui rêve, tout ce qui met de la féerie, de l'irréel dans les réalités prochaines, les héroïsmes surhumains, les amours ineffables, les dévouements sans limites... voilà toutes les beautés chères à notre Esthétique française.

« Si *Peau d'âne* m'était conté... » disait La Fontaine; Rabelais n'eût pas parlé autrement.

. . . .

Le Français n'aime pas la *confusion* des arts, s'il affectionne la *fusion* (1).

A une œuvre théâtrale, à un poème, à un roman, il

____

(1) Cf. *Dogmes musicaux* (Jean Huré) fusion et confusion des arts.

demande l'émotion du rire ou des larmes, dans le rêve et la beauté.

A un livre de science, il demande les vérités que nos sens peuvent constater et les rapports qui unissent entre elles ces vérités.

A un livre de philosophie, il demande quelques clartés douteuses et séduisantes sur les mystères que la science n'explique pas encore.

A un livre religieux, il demande l'espoir et la confiance.

Aux arts plastiques, il demande des formes et des colorations plus belles que celles que nous voyons autour de nous, des paysages où nous souhaiterions de vivre, des figures que nous voudrions contempler sans cesse.

A la musique, il demande les sonorités qui charment notre sens musical et nous rendent heureux.

S. M. la reine Carmen Sylva écrivit un jour, en ma présence : « la Beauté c'est presque le Bonheur ». La célèbre souveraine avait défini l'Esthétique française.

L'Esthétique qui veut abaisser l'œuvre d'art à la reproduction de la vie est incomplètement française : elle nous vient d'ailleurs de l'étranger.

Voilà pourquoi le Français qui approfondit avec passion le plus complexe des livres de science, ou de philosophie, ou sociologie, s'ennuie à la lecture, ou à la représentation, d'un roman, ou d'une pièce, scientifique ou philosophique, moral ou social. Il s'ennuie au théâtre « à thèse » et à la littérature « de pensées ».

Pauvre Français, trop pur et trop naïf ! l'a-t-on assez mal traité, a-t-on assez affecté de le mépriser dans l'espoir de lui faire admettre de telles œuvres, fruit des veilles d'une foule d'esthètes, impuissants dans leur art, mais habiles à la mobilisation active de critiques bienveillants et sans nombre.

Le vrai Français ne s'est pas laissé intimider par leurs anathèmes. Certes, l'esthétique française a fui — par le fait des susdits critiques et esthètes — depuis tantôt un siècle, les milieux d'art. Elle s'est réfugiée en d'humbles foyers où l'on est moins raffiné, moins artiste, mais où, si imparfaitement que ce soit, le sens de nos traditions artistiques a été conservé.

N'ayons nulle inquiétude celui-ci reviendra, avant longtemps, aux lieux qu'il n'aurait jamais dû quitter.

. . . .

Berlioz à qui l'on doit, entre mille autres, cette turlupinade grandiloquente : « Si vous croyez qu'on écoute la musique pour son plaisir ! », raillait Boieldieu d'avoir dit : « Moi, j'aime la musique qui berce ».

Tout Français sincère pense et sent comme Boieldieu ; nous aimons la « musique qui berce » : c'est celle de M. Debussy, de M. Fauré, de C. Gounod, de Rameau, de Costeley, de Josquin et de nos chanteurs populaires.

Les Allemands aiment *surtout* la musique qui émeut violemment ; les Russes la musique qui danse et rêve dans une rutilante atmosphère de féerie ; les Italiens la musique qui pleure à grands sanglots, sans douleur profonde et qui rit aux éclats, sans bonheur réel, mais chante avec abondance et facilité.

Nous, nous aimons la « musique qui berce », qui console, qui est douce comme notre « doux parler ».

Nous n'aimons pas que celle-là... ; il nous faut aussi, parfois, pour un contraste d'un instant, de ces élégantes et sveltes violences, si différentes des violences germaniques ; des gaîtés plus fines que la gaîté italienne et des sanglots plus contenus que les sanglots italiens : des bondissements plus onduleux, plus sobres que ceux des « ballets russes ».

... — Mais, *surtout* — et de grâce ne nous en défendons pas, car pourquoi lutter contre nos chères joies ? — nous aimons, dans l'œuvre musicale, la sérénité, le recueillement, le charme...

Notre idéal esthétique est le « Bonheur ».

*
* *

Au reste, jamais la musique française, si glorieuse dans le passé, ne fut aussi glorieuse que de nos jours.

Après des maîtres, encore vivants et actifs, et dont les noms sont sur toutes les lèvres, surgit une pléiade de jeunes gens, toute une nouvelle école très nationale, très celtique, très traditionnaliste, *résolument novatrice, avant tout.*

Déjà ces compositeurs sont connus, aimés, détestés, discutés.

Alors que, en d'autres pays, on se confine volontiers en des formules dites classiques — en réalités propres aux xviie, xviiie et xixe siècles qui en ont épuisé les ressources — ou, ce qui est pire, à la déformation voulue de ces formules, ou, encore, au maladroit pastiche des musiciens français modernes, notre jeune musique, émancipée, hardie, retrouve dans l'étude du passé les vieilles traditions françaises, use de nos chants populaires antiques, des vieilles modalités, invente des harmonies nouvelles, des modes inentendus, des timbres inédits, des rythmes inconnus (1)...

La France donne au monde ce qu'il n'avait jamais possédé : un art musical vaste, sans limites...

Les historiens ont été pour beaucoup dans la Renaissance de la musique en France.

J'ai cité au hasard quelques-uns d'entre eux : il les faudrait citer tous (2).

(1) C'est à M. Saint-Saëns — qui de son aveu même eut à cet égard pour précurseur inconscient, Niedermeyer — que nous devons l'introduction dans notre vocabulaire musical des modes anciens — et aussi des modes exotiques.

Depuis Bach — qui d'ailleurs en usa peu — il ne resta rien des formules gothiques dans la musique allemande. Même mépris, ou ignorance, ou oubli, des vieilles modalités dans les musiques françaises, italiennes et même russes des xviie, xviiie et commencement du xixe siècle. En France, néanmoins, nos chants populaires et notre plain-chant catholique nous empêchent d'oublier complètement les modes ecclésiastiques.

Berlioz les raille mais en use une fois, par ironie évidemment. Gounod écrit l'exquise « Coupe du Roi de Thulé » : çà et là, nous trouvons quelques exemples de même sorte, mais très rarement.

Enfin M. Saint-Saëns, M. Bruneau, M. Fauré, Guillaume Lekeu, emploient largement ces vieux modes. Les gammes orientales sous l'influence de M. Saint-Saëns, puis des Russes, font aussi leur apparition dans notre art.

En vain nous chercherions rien de semblable dans Wagner, dans César Franck, dans les allemands modernes...

(2) Il faudrait consacrer de longues pages d'éloges au livre admirable et si fertile en enseignements précieux où M. Maurice Emmanuel nous dit l'histoire du langage musical à travers les âges. Très remarquables et aussi très utiles, les œuvres de M. Landormy sont maintenant répandues dans tout le monde musical. A lire, encore, l'ouvrage historique et vulgarisateur de M. Woollett; le livre, si original, si documenté, de Me Landowska : « La musique ancienne »; les savantes études de MM. Expert, Tiersot, Pirro, Amédée Gastoué.

On oublie généralement que les premiers historiens musicaux furent des français, antérieurs de beaucoup au mouvement historique où s'illustra l'Allemagne. Citons Bonnet, né à Paris; Dom Bedos de Celles, historien de l'orgue et facteur érudit; F. B. de Laborde qui écrivit plusieurs volumes d'histoire musicale, avant que Padre Martini publiât sa « Storia della Musica »; puis ce furent Félix Clément, Coussemaker, Lavoix, A Jullien, M. Brunet, précurseurs immédiats des auteurs cités plus haut.

M. C. Saint-Saëns fut un de leurs précurseurs.

A une époque où la plupart des musiciens étaient dénués de toute culture générale, M. Saint-Saëns montra la nécessité, pour le compositeur comme pour le virtuose, de connaître l'histoire et le mécanisme de son art.

Bordes et Guilmant, auxquels bientôt se joignit M. V. d'Indy, en fondant la *Schola cantorum*, suivirent les voies que l'auteur de *Samson* leur avait tracées.

* *

En résumé, cet opuscule ne prétend rien enlever à la gloire des musiciens étrangers, amis ou ennemis.

Ce serait avoir recours à un procédé déloyal, discourtois, antifrançais, mis, hélas! à la mode, en bas lieu, depuis quelque temps, et qu'il faut mépriser.

Nous sommes du pays où, devant un monarque illustre et des princes du sang, Bossuet pouvait faire l'éloge du génie de Cromwell, assassin d'un roi.

Nous nous devons donc à nous-mêmes de rendre justice aux écoles étrangères, mais il fallait, ici, montrer, car on ne le sait pas assez, qu'elles doivent beaucoup au génie français et que notre école de musique française n'a rien à leur envier dans le passé, ni surtout dans le présent, ni dans le tout prochain avenir que l'on peut deviner à des signes certains (1).

Jean Huré.

(1) Bien qu'assez ignorés du public, nos organistes, exécutants et compositeurs, ont dignement poursuivi, au XIXᵉ siècle et de nos jours, l'œuvre de leurs devanciers.

Boely, organiste à Saint-Germain-l'Auxerrois, laissa des pages fortement pensées et bien écrites; Chauvet trouva des idées charmantes; Boëllmann, mort prématurément, fut un compositeur exquis, plein de charme et de poésie, précurseur, à bien des points de vue, des frisonnantes musiques que l'on aime aujourd'hui; A. Guilmant, organiste de la Trinité, grand virtuose, célèbre professeur, écrivit des pages ingénieuses; M. C.-M. Widor, organiste de Saint-Sulpice, professeur de composition au Conservatoire, enrichit notre littérature d'orgue d'œuvres de haute virtuosité, solidement construites, harmonisées avec science et correction; M. E. Gigout, professeur au Conservatoire, organiste de Saint-Augustin, improvisateur et exécutant illustre; M. C. Saint-Saëns, improvisateur et exécutant prodigieux, fut organiste à la Madeleine et composa d'admirables pièces d'orgue présentement on l'entend parfois à Saint-Séverin où il est organiste honoraire — l'auteur de cette étude a l'honneur d'être organiste suppléant à la même église — et où M. Périlhou est organiste en titre depuis longtemps déjà. Ce dernier est l'auteur de plusieurs livres d'orgue écrits et pensés à merveille.

Citer ici tous nos virtuoses de l'orgue est impossible : ils sont trop nombreux. Tout Paris connaît M. Charles Tournemire, compositeur profond, virtuose impeccable, improvisateur de génie; M. G. Bret, fondateur de la Société Bach, autrefois suppléant de M. Widor à Saint-Sulpice; M. Letocart, organiste à Saint-Pierre de Neuilly, fondateur des amis des cathédrales; M. Libert, organiste de Saint-Denis; le tout jeune Dupré, suppléant de M. Widor, virtuose d'une habileté étonnante: M. Vierne, compositeur trop modeste et très remarquable, organiste de grand talent professeur à la *Schola cantorum*, titulaire du grand orgue de Notre-Dame; M. J. Bonnet, brillant et émouvant virtuose, organiste à Saint-Eustache et des concerts du conservatoire; M. Kriéger, organiste des concerts Lamoureux et suppléant de M. Gigout à Saint-Augustin, irréprochable technicien; G. Renoult, si vif et si adroit, suppléant à Notre-Dame; Boulnois, compositeur, aimable improvisateur ingénieux, organiste à Saint-Louis d'Antin; Mulet, compositeur de talent, parfait organiste, professeur à l'école Niedermeyer; Bonnal qui fut longtemps suppléant de Bonnet à Saint-Eustache et souvent applaudi comme virtuose ou compositeur; Amédée de Vallombrosa, organiste de Saint-Leu, etc., etc.

Nos virtuoses, du reste, sur tous les instruments, sont merveilleux : ils fuient généralement la France pour l'étranger qui les préfère aux siens, aux siens, qu'il nous envoie en échange et que nous applaudissons à tout rompre sans nous apercevoir que, pour la plupart, il ne seraient pas admis aux classes préparatoires de notre Conservatoire national.

J. H.

Paris. — Imp. Levé, rue Cassette, 17. — S.